JUS ROMANUM.

DE PERICULO ET COMMODO REI VENDITÆ.

(D. L. 18. T. 6.)

Quamvis venditor rei venditæ dominus maneat, donec illa tradatur, periculum emptoris est, ab eo tempore quo de re et pretio convenerunt.

Attamen, ut damna emptor patiatur, necesse est perfectam esse venditionem ; quæ autem non perfecta si res non certa sit, vel pretium nec venditio pura. Cùm sub conditione fit, ab eo incipit effectus contractûs quò evenit conditio. Dùm non illa expletur, totum damnum venditoris est ad quem tamen non pertinet partis damnum, si propriâ ipsius fraude aut culpâ non evenerit.

Cùm venditio facta est duarum rerum inter quas optio datur, alterâ deficiente, emptor poscere potest alteram ; ambabus autem ademptis, conventum tamen pretium solvendum est.

Si de rebus agitur quæ pondere, numero, mensurâve consistunt, solummodò perfecta est venditio, cùm res pensæ, numeratæ, aut admensæ sunt ; pura venditio esset, quamvis facta

sub conditione mensuræ , si res non ea esset quæ mensurâ cer-
tâ constaret.

Quod ad vinum attinet , perfectio venditionis subjicitur libi-
dini degustantis emptoris , qui discedere potest si non placet vinum. Emptoris periculum esse patet ab ipso contractu , cùm
vinum non venditum est, eâ conditione , ut degustatum sit.

Emptor qui vocatus est , vel non prodit dicto die ut metiatur
aut gustet vinum , damna sustinet , quamvis vinum non sit gustatum nec admensum. Ità pro aliis rebus , quæ pondere, numero,
mensurâve consistunt.

Venditor etiàm, à quo tradenda petita est res , vel qui dicto
die non eam tradit , periculum adit.

Si vinum non gustatum aut admensum fuerit , die dicto, culpâ venditoris, cùm posteà acorem aut mucorem contrahit, sponsor est ; non soluta venditio, nisi partium contrariâ voluntate.

Usque ad traditionem, à venditore retinenda est res, attentiùs
servanda cum diligentiâ, et sedulitate boni patris-familias. Tar-
datâ autem traditione per culpam emptoris, nihil jàm spondet
venditor nisi malam fidem suam.

Altera alteris respondent commoda et incommoda rei venditæ. Emptor cùm ejus incommoda sunt, commodis frui debet,
puta , alluviones et coetera accrementa ei prosunt. Attamen non
re fruitur nisi traditâ , hùc usque dominus rei venditæ venditor
manet.

DE ÆDILITIO EDICTO ET REDHIBITIONE ET QUANTI
MINORIS.

(D. L. 21. T. 1.)

Ædilitio edicto cujus illud præcipuum erat propositum ut
servos vendentium fraudibus occurrĕret, et iis opitularetur qui

THÈSE
POUR LA LICENCE.

L'acte public sur les matières ci-après sera soutenu le vendredi 1ᵉʳ avril 1842, à dix heures,

Par Jules-François FOULON,
Né à Vadencourt, près Guise, (Aisne).

PRÉSIDENT : M. BERRIAT St.-PRIX, PROFESSEUR.

SUFFRAGANTS.

MM. DE PORTETS,
PONCELET,
PELLAT,

PROFESSEURS.

DELZERS,

SUPPLÉANT.

Le Candidat répondra en outre aux questions qui lui seront faites sur les autres matières de l'enseignement.

PARIS,

IMPRIMERIE DE MOQUET ET HAUQUELIN,
RUE DE LA HARPE, 90.

1842

A MES PARENTS.

in emendis servis fuerint decepti , emptori decepto triplex actio conceditur, scilicet , rhedibitoria actio ut solvatur contractus , actio æstimatoria quanti minoris ut minuatur pretium, denique actio ut totum resarciatur damnum , si venditor dolum aut malam fidem adhibuerit.

In venditionibus non solùm servorum , sed cujuscunque generis animalium illæ actiones adhibentur, quas etiàm jurisprudentia , et ad res cujuscunque generis extendi concedit. In caput venditionis admissæ , et accessum attingunt, nisi quod accedit incertum sit corpus , puta , cùm venditus est servus cum peculio ; non autem attingunt res minimi pretii.

Edictum in duas partes dividitur. Prior causas definit, quæ redhibitionem in venditione servorum poscunt , posterior ad venditionem animalium interest.

§ I. *Quibus causis adhiberi potest redhibitoria actio in venditione servorum ?*

Ex præcipuâ edicti dispositione , si venditor servi non emptorem certum fecerit morborum et vitiorum quibus servus laborat, deceptus emptor agere potest de redhibendo contractu. Morbi autem , et vitia non ea sunt quæ ad animum referuntur, ob ista enim , nulla est actio nisi ut minuatur pretium ; nempè censetur concessum fuisse , nullos morbos , nulla vitia redhibitoria esse nisi quæ corpus sequuntur. Ideò illud in edicto quasi exceptum habetur declarandum esse, an servus fugitivus aut erro sit, quia illud vitium animi non corporis est.

Si quæ tamen vitia animi è vitiis corporis oriuntur, aut si pro quibusdam sponsor est venditor, ea redhibitoriam actionem admittunt.

Ipsa autem inter corporis vitia , ad gravia tantùm conceditur redhibitio, quæ videlicet usum aut ministerium servi impediunt.

Propriis quibusdam et derogantibus edicti dispositionibus , quædam vitia , si non declarantur , licet animi sint, redhibitoriam actionem movent , puta , cùm fugitivus aut erro est servus.

Fugitivus autem servus est qui herum dereliquit meditatâ voluntate non redeundi domum. Ut fugitivus habeatur, duæ sunt conditiones : 1° non modò consilium fugæ concepisse, sed jam fugam tentavisse debet ; 2° fugiendo , voluisse se herili auctoritati, nullo reditûs animo , subducere. Fugitivus est in quo conveniunt et voluntas et factum.

Erro servus est qui non fugit quidem sed hìnc et illinc errabundus sæpiùs nullâ causâ, tempus nugando consumit, et seriùs redit domum.

Redhibitio pariter jubebitur, si venditor non declaraverit venditum servum noxali actioni esse subjectum , capitale crimen admisisse , mortis sibi consciscendæ causâ quid fecisse, in arenam descendisse bestias pugnaturus. Hæc autem vitia prohibent ne servi venditor servo utiliter frui sinat emptorem ; nempè idem est servum non habere , aut inutilem habere. Si servo alia sunt animi vitia quæ omninò prohibeant ne eo fruatur emptor, redhibitoria illa censeri debent , quantùm est ad edicti rationem.

Redhibitoria etiam actio conceditur si venditor veteratorem pro novitio tradiderit ; si quâ natione ortus sit servus non patefecerit, si alius est servus qualem declaraverit aut spoponderit. Censetur dictum aut promissum à venditore id unum quod ità dicit aut promittit ut se ipse obliget, non autem quod ad prædicandam mercem referri potest.

Attamen ut actio redhibitoria propter vitium naturâ redhibitorium intendi possit, necesse est : 1° Antè venditionem servum hoc vitio laboravisse; 2° Hoc vitium non declaratum fuisse nomine proprio à venditore; 3° Non cognosci potuisse ab emptore, si non ità se res habet, non potest queri non deceptus emptor.

§ II. *Quas ob causas intendi potest actio redhibitoria cum agitur de venditione animalium ?*

Quorum ad morbos et ad vitia præsertim referuntur illæ causæ. Cum suprà quidem sejunximus corporis vitia à vitiis animi, eadem illa divisio nunc absurda fieri, namquè concipere non posses animi vitia in animalibus quæ mente carent.

Redhibitio fiet si animalia non fuerint qualia declaraverit Vel spoponderit venditor, si non traditi fuerint ornatu suo instructi equi scilicet aut muli, sicut erant dùm emptori proponebantur. Itaquè ædiles actionem emptori concedunt qui tradi sibi cogat ornatus aut redhiberi equos vel mulos usquè ad sexagesimum diem.

———

Contractûs redhibitio ea est ut partes reducat ad eumdem statum quo non venditio-emptio facta fuisset. Emptor enim venditori restituit rem de quâ redhibitoriam actionem intenderit, dummodò non perierit. Sin autem res perierit culpâ seu emptoris, seu ipsius familiæ aut procuratoris, obligatus manebit non secùs ac si res adhuc superesset, id est istius pretium præbebit.

In universum sola res ea, de quâ intenditur actio, debet restitui, quamvis aliæ res simul fuerint venditæ, nisi sejungi non possint, videlicet cùm de servis scenicis, aut fratribus aut de equis unà compositis agitur.

Quod rei accedit cum capite restituitur ; redditur res omnibus aucta quibus creverit, immunis oneribus quibus eam gravare emptor potuerit aut quæ eam pejorem fecerint. Si de servo agitur, emptor præstationem debet damni quod is passus est non solùm corpore sed etiam moribus, seu servus pejor factus sit fraude aut culpâ ab ipso, aut familiâ, aut à procuratore.

Quantacunque emptor profecerit per rem venditam quibusdam sibi alienis modis pariter emptori restituenda sunt.

Venditor etiam pretium et pretii usuras reddet, quodcunque emptor solvit ob rem emptam, quæcunque amisit, partes enim priore statu redintegrandæ sunt.

Illud attentiùs notandum emptorem scilicet quæcunque suprà dicta sunt adimplere, priusquàm venditæ rei pretium accipiat, sic ædilibus placuit.

Ante confectum opus nonnulla in universum ponemus de ædilitiis actionibus.

Dùm contractûs sustinetur jus, puta, cùm servus fuit emptus quâdam sub conditione, sustinentur quoque actiones. Tolluntur omninò effluxo tempore per quod concessæ fuerint, aut liberatione venditi servi. Actio autem redhibitoria intendi potest per sex menses utiles, æstimatoria autem quanti minoris per annum pariter utilem.

Emptoris illæ sunt aut ipsius heredum adversùs qualencunque emptorem aut illius heredes. Dantur in venditionibus rerum pupillarium ut in venditionibus à republicâ factis. Attamen non conceduntur, quotiescunque vendidit fiscus.

Æstimatoria actio intendi potest ob easdem causas ob quas redhibitoria. Aliis etiam in temporibus intenditur; scilicet, exempli graciâ, ob onera quæ si novisset emptor, rei minimum pretium sanè obtulisset.

DROIT FRANÇAIS.

DE LA VENTE.

(Code civil, Art. 1582-1657 ; Code de proc. Art. 175-186 ;)

Loi du 20 mai 1838 sur les vices rédhibitoires.

DE L'ÉCHANGE.

Code civil, Art. 1702-1707.

DE LA VENTE.

Nature et forme de la vente.

La vente est un contrat consensuel, synallagmatique et commutatif ; en effet, la loi la définit : une convention par laquelle l'un s'oblige à livrer une chose, et l'autre à la payer.

Le contrat de vente est soumis pour sa preuve aux règles générales. Si les parties font un acte, cet acte pourra être, à leur gré, authentique ou sous-seing-privé. Le législateur ne s'est expliqué à cet égard que pour abroger la jurisprudence de certains parlements qui n'admettaient la preuve des ventes d'immeubles que par acte authentique.

Trois choses sont de l'essence de la vente: 1° une chose vendue; 2° un prix qui en soit l'équivalent; 3° le consentement des parties sur la chose et sur le prix.

La propriété de la chose est acquise de droit à l'acheteur, à l'égard du vendeur, par le seul effet du contrat, contrairement à la loi romaine, qui considérait toujours le vendeur comme propriétaire jusqu'à la tradition.

Dès que la vente est parfaite, les risques regardent l'acheteur. La vente n'est pas parfaite, si la chose et le prix sont indéterminés, ou si elle est contractée sous une condition suspensive.

Lorsqu'elle a pour objet des marchandises non vendues en bloc, mais au poids, au compte ou à la mesure, les risques sont toujours pour le vendeur jusqu'au moment où elles ont été comptées, pesées ou mesurées, et par là spécifiées.

A l'égard du vin, de l'huile et des autres choses que l'on est dans l'usage de goûter avant d'en faire l'achat, la perfection de la vente dépend de la dégustation et de l'agrément de l'acheteur. La vente à l'essai est subordonnée à une condition du même genre; il n'en était pas ainsi en droit romain, où la condition d'essai était considérée comme résolutoire.

Dès que le consentement des parties est intervenu sur la chose et sur le prix, il y a vente, lors même que l'écrit ne constate qu'une vente *in futurum* ; mais les risques concernent-ils l'acheteur ? La question est controversée. Le vendeur les courrait, si des arrhes avaient été données, car les arrhes ne sont considérées alors que comme primes d'un dédit, *signum contrahendæ emptionis-venditionis*.

Le prix de la vente doit être déterminé et désigné par les parties qui doivent s'accorder sur son montant ; il doit consister en numéraire, sinon il y aurait échange; il doit être sérieux, sans quoi il y aurait donation. Si la détermination du prix était laissée à l'arbitrage d'un tiers, la vente dépendrait d'une condition qui défaillirait si le tiers ne voulait ou ne pouvait faire l'estimation ; le droit romain ne considérait pas comme valable la vente laissée à l'arbitrage d'un tiers, il fallait que le tiers fût désigné.

Qui peut acheter ou vendre.

Outre les incapacités générales de l'Art. 1124, il y en a de particulières à la vente.

Ainsi, la vente est interdite entre époux, soit parce qu'elle deviendrait une source d'avantages indirects, soit parce que la protection due par le mari à sa femme ne peut se concilier avec les intérêts opposés de vendeur et d'acheteur. La prohibition s'étend à la dation ou cession en paiement, hormis trois cas (V. à ce sujet, Art 1595). Ces trois exceptions ont pour but de prévenir entre les époux les collisions judiciaires, origines de discordes.

Investies par la loi ou la confiance des parties du droit d'agir pour le vendeur, certaines personnes indiquées Art. 1596 ne peuvent se rendre adjudicataires de ses biens dans la crainte qu'elles ne se rendent coupables de manœuvres frauduleuses pour les acquérir à bas prix.

Afin de prévenir les abus d'autorité, et de mettre certaines professions à l'abri de tout soupçon de cupidité ou de mauvaise foi, la loi interdit aux magistrats et aux fonctionnaires près d'un tribunal (V. à ce sujet, Art. 1594), la faculté de se rendre cessionnaires des procès, droits et actions litigieux qui sont de la compétence de ce tribunal.

Aux incapacités ci-dessus, il faut ajouter notamment celles des Art. C. civ. 472, 1554; C. pr. 692, 713.

Choses qui peuvent être vendues.

Les choses susceptibles d'une propriété privée peuvent seules faire l'objet du contrat de vente, à moins que des lois particulières n'en aient prohibé l'aliénation.

Contrairement au droit romain , notre législateur déclare nulle la vente de la chose d'autrui. Chez nous, le vendeur ne s'oblige pas seulement à faire avoir à l'acheteur la possession à titre de propriétaire , il s'oblige encore à lui transférer la propriété de la chose vendue, sous peine de tous dommages-intérêts.

La vente de la succession d'une personne vivante , même de son consentement , est prohibée comme immorale et contraire à l'ordre public.

Une chose qui n'existe pas encore peut faire l'objet du contrat de vente, mais non une chose qui n'existe plus. Si la chose n'existe plus qu'en partie , il est au choix de l'acquéreur d'abandonner la vente ou de demander la partie conservée , en faisant déterminer le prix par ventilation.

Des obligations du vendeur.

Elles sont relatives à la délivrance et à la garantie de la chose vendue.

De la délivrance.

La délivrance ou tradition est la remise pleine et entière de la chose au pouvoir de l'acheteur , de manière que le vendeur n'ait plus aucun moyen d'exercer ou de faire valoir pour son propre compte, le droit qu'il a vendu.

Dans notre droit, la seule convention étant translative de propriété, la tradition n'a plus le même effet qu'on lui attribuait à Rome. Cependant , il importe toujours de déterminer les actes qui la constituent , soit pour savoir précisément quand le vendeur est quitte de sa première obligation , soit pour fixer l'époque à laquelle commencent pour l'acheteur les avantages attachés à la possession

La loi indique pour les immeubles deux modes de délivrance, la remise des clefs, et la remise des titres de propriété.

La délivrance des effets mobiliers s'opère ou par la tradition réelle, ou par la remise des clefs des bâtiments qui les contiennent ou même par le seul consentement des parties dans certains cas (V. alinéa 3 de l'art. 1606).

A l'égard des biens ou droits incorporels, il y a deux modes de délivrance, l'usage que l'acquéreur en fait du consentement du vendeur, et la remise des titres.

Au surplus, en déterminant pour chaque nature de biens certains modes de délivrance, la loi ne prétend pas exclure les autres. Il suffit que les principes ne s'y opposent pas.

La délivrance doit en général se faire au lieu où se trouvait la chose au temps de la vente, en l'état où elle était alors, c'est-à-dire, non détériorée par le fait ou la négligence du vendeur avec ses accessoires et tout ce qui est destiné à son usage perpétuel. A partir de la vente, les fruits appartiennent à l'acquéreur, sans préjudice néanmoins du droit des tiers.

Les frais de délivrance sont à la charge du vendeur, et ceux d'enlèvement à la charge de l'acheteur, sauf stipulation contraire.

Quant au temps de la délivrance, à défaut de convention, elle peut être exigée aussitôt qu'elle est possible.

Si le vendeur manque à faire la délivrance dans le temps convenu, il y a lieu à l'application du principe posé Art. 1184. l'acquéreur peut, à son choix, demander la résolution de la vente ou sa mise en possession, pourvu que le retard ne vienne que du fait du vendeur ou d'une faute qui lui soit imputable. Du reste, quelque parti que prenne l'acquéreur, si le retard lui porte préjudice, il devra obtenir des dommages-intérêts.

Les obligations des deux contractants étant cause l'une de l'autre, il est juste que le vendeur ne soit pas tenu de délivrer la chose, si l'acheteur n'en paie pas le prix. La règle souffre exception au cas où le vendeur a suivi la foi de l'acheteur en lui accordant un délai pour le paiement, et l'exception cesse, lorsqu'il y a faillite ou déconfiture; ajoutons, lorsque l'acheteur a diminué, par son fait, les sûretés promises par le contrat (arg. de l'art. 1188). Toutefois, l'offre d'une caution solvable donnant au vendeur toute sécurité, suffirait, nonobstant la faillite ou la déconfiture, pour conserver à l'acheteur le bénéfice du terme.

En général, le vendeur est tenu de délivrer la contenance portée au contrat. Mais la contenance réelle peut être différente de la contenance déclarée. Il faudra distinguer alors si la vente est faite avec indication de la contenance à tant la mesure ou pour un seul prix.

Dans le premier cas, le vendeur est obligé de délivrer la contenance promise, si l'acquéreur l'exige, et si la chose est possible; sinon, il doit souffrir une diminution proportionnelle du prix d'après le nombre effectif de mesures délivrées. Lorsqu'il y a excédant, l'acquéreur n'a pas le droit de réduire le marché au nombre de mesures indiquées ; seulement, si l'excédant est d'un vingtième au-dessus de la contenance déclarée, la loi, pour ne pas le contraindre à un sacrifice pécuniaire qui peut-être excéde ses moyens, lui donne le choix, ou de se désister du contrat, ou de fournir le supplément du prix.

Dans le second cas, il n'y a lieu à augmentation ou à diminution du prix qu'autant que l'excédant ou le déficit est d'un vingtième en plus ou en moins eu égard à la valeur de la totalité des objets vendus. Le vingtième ne se calcule donc plus sur le nombre effectif de mesures comparé au nombre déclaré, mais sur l'augmentation ou la diminution que l'excédant ou le déficit doit opérer dans le prix porté au contrat.

S'il y a lieu à augmention du prix, l'acheteur a le choix ou de se désister du contrat ou de fournir le supplément du prix, et dans ce cas il est juste qu'il paie les intérêts de ce supplément.

L'acquéreur qui se désiste du contrat doit être remis au même état que s'il n'avait pas contracté. Le vendeur doit donc lui restituer, outre le prix, les frais du contrat ; car l'acquittement de ces frais n'a plus de cause.

Pour ne pas prolonger l'incertitude des propriétés , le législateur a borné à une année, à la date du contrat, la durée des actions en supplément ou en diminution du prix et en résiliation du contrat.

De la garantie.

Garantir, c'est assurer sous sa responsabilité l'exécution d'une promesse.

La garantie que le vendeur doit à l'acheteur a pour but de lui faire avoir la possession paisible de la chose vendue et de l'indemniser du tort que pourraient lui occasionner certains défauts cachés appelés aussi vices rédhibitoires parce qu'ils peuvent donner lieu à la résiliation du contrat.

§ I. De la garantie de la paisible possession.

La garantie de la paisible possession s'applique au cas d'éviction totale ou partielle de l'objet vendu et au cas de charges occultes dont il se trouverait grevé.

Le mot éviction, dans son sens strict, désigne la privation de la possession prononcée par le juge; mais dans le cas plus général qui donne lieu à garantie, l'éviction désigne toute perte que souffre l'acheteur soit de la totalité, soit d'une partie seulement de la chose, par suite d'un droit dont le principe est antérieur à la vente ou qui procède du fait du vendeur.

Dans l'usage, le mot éviction s'applique même à la demande

qui a pour but de faire prononcer l'abandon, et il s'entend du cas où il y a simple trouble.

La garantie est de la nature du contrat de vente ; elle existe sans qu'il soit besoin de stipulation ; mais les parties peuvent l'étendre, la modifier, même l'exclure. La clause de non-garantie ne dispenserait pas cependant le vendeur de répondre des faits qui lui seraient personnels.

L'acheteur évincé doit être remis au même état que s'il n'avait pas contracté ; il doit être indemnisé non seulement de la perte qu'il éprouve, mais encore du gain dont il est privé. Il a droit notamment à la restitution du prix dont le paiement n'a plus de cause (pour les autres restitutions, v. a. 1630), peu importe que la détérioration du bien, lors de l'éviction, lui fasse éprouver un moindre préjudice, et que cette détérioration provienne de cas fortuit, de sa négligence ou de son fait. Si pourtant il avait tiré profit des dégradations, il devrait imputer ce profit sur le prix.

La clause de non-garantie ne libérerait pas même le vendeur de l'obligation de restituer le prix. Pour qu'il en soit libéré, l'art. 1629 exige en outre que l'acquéreur ait connu, lors de la vente, le danger de l'éviction ou qu'il ait acheté à ses risques et périls.

Les dommages-intérêts qui seront adjugés à l'acheteur devront être plus ou moins étendus, suivant la bonne ou la mauvaise foi du vendeur ; en effet, le vendeur de mauvaise foi sera seul tenu de rembourser les impenses voluptuaires; car il doit les dommages intérêts prévus et imprévus.

L'éviction partielle ne donne pas lieu à une restitution proportionnelle du prix : la valeur de la partie dont l'acquéreur se trouve évincé lui est remboursée suivant l'estimation, à l'époque de l'éviction.

L'apparition de charges réelles est assimilée à une éviction partielle. L'indemnité due à l'acquéreur se règle d'après la moins value de l'héritage.

Si l'importance de la partie dont l'acheteur souffre éviction ou si l'étendue des charges qui grèvent l'héritage donne lieu de présumer que l'acheteur n'eût point acheté, la résiliation du contrat sera prononcée par le juge.

La demande en garantie est recevable avant comme après l'éviction; cependant, elle cesse de l'être, lorsque l'acheteur s'est laissé condamner par un jugement en dernier ressort ou passé en force de chose jugée, sans mettre son vendeur en cause, si celui-ci prouve qu'il existait des moyens suffisants pour faire rejeter la prétention du tiers demandeur.

Incidente à une contestation principale, la demande en garantie forme une exception dilatoire, pourvu qu'elle soit intentée dans le délai légal ; car pendant ce délai, l'action se trouve sus-Pendue. (pr., art. 179.)

Or, le délai pour appeler garant est de huitaine, outre un jour par trois myriamètres, à compter du jour de la demande originaire ou à compter du jour de la demande en garantie, si le garant prétend avoir le droit d'appeler en sous-garantie. (Pr. art. 175, 176.) Le délai fixé par la loi est de rigueur et n'est suspendu ni par la minorité ou autre cause privilégiée. (Pr. art. 178.)

La demande en garantie, étant connexe avec la demande originaire, est jugée devant le même tribunal que celle-ci. (Pr. art. 181). Elle est jugée en même temps, si toutefois elle est en état de l'être (Pr. Art. 184.)

La garantie est de deux espèces, formelle dans les matières réelles ou hypothécaires, simple dans les actions personnelles. Il importe de les distinguer; car dans la garantie formelle, le garant peut prendre le fait et cause du garanti; il ne le peut dans la garantie simple. Cette différence provient de ce que dans la garantie simple, le garanti est personnellement obligé, et qu'il ne l'est pas dans la garantie formelle. (Pr. art. 182, 183.)

3

§ 2. *De la garantie des défauts de la chose vendue.*

Le vendeur doit non seulement procurer à l'acheteur une paisible possession ; il doit aussi lui faire avoir utilement la chose vendue ; il répond donc des défauts cachés qu'elle peut avoir. Ces défauts ou vices se nomment rédhibitoires.

Néanmoins, pour que la garantie ait lieu, il faut : 1° que les vices rendent la chose impropre à l'usage auquel on la destine, ou diminuent tellement cet usage que l'acheteur ne l'aurait pas acquise ou n'en aurait donné qu'un moindre prix, s'il les eût connus.

2° Qu'ils aient existé lors de la vente ou de l'événement de la condition, si la vente était conditionnelle.

3° Qu'ils n'aient pu être connus de l'acheteur ; l'ignorance même de l'acheteur ne lui donnerait pas droit à garantie si les défauts étant apparents, il a pu s'en convaincre lui-même.

Le vendeur est obligé à garantie quand même il n'aurait pas connu les vices ; toutefois, les obligations du vendeur de bonne foi ne sont pas les mêmes que celles du vendeur de mauvaise foi. Le vendeur de mauvaise foi répond de tous les dommages-intérêts ; le vendeur de bonne foi au contraire n'est tenu envers l'acquéreur qu'à la restitution du prix et des frais devenus frustratoires ; il ne serait pas même tenu à cette restitution si l'acte de vente était accompagné d'une clause de non garantie.

Les cas qui donnent lieu à la garantie des vices rédhibitoires et le délai dans lequel l'action doit être intentée sont en géneral fixés par l'usage du lieu où la vente a été passée.

Deux moyens naissent pour l'acheteur des vices rédhibitoires, l'action dite rédhibitoire ou en résiliation du marché et l'action estimatoire dite *quanto minoris* ou en diminution de prix. L'acheteur a le choix entre ces deux actions. Bien que la perte de la chose rende la rédhibition impossible, si elle est survenue par suite de sa mauvaise qualité, on ne peut refuser à l'acheteur le droit d'obtenir les dédommagements qui lui sont dus ; mais la perte par cas fortuit ne lui ayant causé aucun dommage, est pour son compte.

La garantie des défauts cachés n'est pas de l'essence de la vente; on peut donc l'exclure, pourvu qu'on le fasse de bonne foi. La loi elle-même l'exclut dans les ventes faites par autorité de justice.

Dans l'intérêt du commerce et de l'agriculture, une loi du 20 mai 1838 est venue modifier les règles du Code pour les ventes et échanges d'animaux domestiques.

Les caractères constitutifs des vices redhibitoires ne sont plus laissés à l'appréciation des juges ni à l'usage des diverses localités (art. 1ᵉʳ).

L'action estimatoire *quanto minoris,* ou en réduction du prix, est supprimée (art. 2).

La loi fixe elle-même le délai dans lequel l'action doit être intentée, et celui dans lequel l'acheteur doit provoquer la constatation du vice (art. 3, 4 et 5).

La constatation se fait par un ou trois experts nommés d'office par le juge de paix du lieu où se trouve l'animal (art. 5).

La demande est dispensée du préliminaire de conciliation et doit être jugée comme matière sommaire. (Art. 6).

Enfin, la loi met à la charge de l'acheteur la preuve que l'animal a péri d'une des maladies spécifiées et libère pour certaines maladies le vendeur de la garantie, s'il prouve que l'animal depuis la livraison a été mis en contact avec des animaux atteints de ces maladies. (Art. 7 et 8).

DES OBLIGATIONS DE L'ACHETEUR.

La principale obligation de l'acheteur est de payer le prix. Le paiement se fait au jour et au lieu réglé par la vente, à défaut de stipulation, au lieu et dans les temps de la délivrance.

Outre cette obligation principale, l'acheteur est tenu de quelques obligations accessoires, entre autres, celle de payer les frais et loyaux coûts du contrat.

En cas de retard dans le paiement du prix, l'acheteur doit l'intérêt 1° si le contrat de vente contient à cet égard une convention expresse; 2° si la chose vendue produit des fruits ou autres revenus; les intérêts sont compensatoires, aussi ne sont-ils dus qu'autant que la chose est livrée, c'est-à-dire, qu'autant que l'entrée en jouissance, qui date en général du jour du contrat, n'a pas été retardée par une clause particulière. 3° Si l'acheteur a été sommé de payer, une demande en justice n'est pas nécessaire.

De même que le vendeur n'est pas tenu de délivrer la chose, s'il craint de perdre le prix ; de même, l'acheteur n'est pas tenu de payer le prix, s'il craint de perdre la chose ; par exemple, s'il y a trouble ou seulement crainte d'éviction.

Le défaut de paiement du prix peut, comme le défaut de délivrance, donner lieu à la résolution de la vente. Les principes diffèrent selon qu'il s'agit de la vente de meubles ou de la vente d'immeubles.

A l'égard des immeubles, le vendeur doit se pourvoir en justice pour faire prononcer la résolution, et à moins qu'il ne soit en danger de perdre la chose et le prix, le juge pourra accorder à l'acquéreur un délai plus ou moins long, mais il ne pourra en accorder qu'un seul. Le terme expiré, la résolution de la vente devra être prononcée par un deuxième jugement. Si la résolution avait été expressément convenue à défaut de paiement du prix au terme convenu, la seule expiration du terme ne la ferait pas encourir de plein droit, il faudrait encore une sommation.

Le pacte commissoire n'a pas chez nous le même effet qu'il avait sous le droit romain.

S'il s'agit de la vente de meubles, la vente est résolue de plein droit et sans sommation, par cela seul que le retirement n'a pas eu lieu au terme convenu.

DE L'ÉCHANGE.

L'echange était, en droit romain, un pacte non obligatoire qui ne commençait à devenir contrat qu'au moment où l'un des co-permutants avait livré sa chose.

Dans notre droit, l'échange est un contrat consensuel comme la vente elle même, dont il ne diffère que sous un seul rapport, au lieu d'une chose et un prix, il a pour objet deux choses qui sont respectivement le prix l'une de l'autre.

De là plusieurs conséquences :

Il n'y a pas lieu de distinguer comme dans la vente entre les obligations de l'acheteur et les obligations du vendeur ; chacune des parties réunit ces deux qualités.

Les frais d'actes et autres accessoires à la vente sont supportés pour moitié par chacun des co-permutants.

La rescision n'a pas lieu pour cause de lésion.

Le co-permutant évincé, a le choix entre la restitution de sa chose donnée en échange et des dommages-intérêts.

QUESTIONS.

1° Bien que les marchandises ne soient pas aux risques de l'acheteur avant le compte, le pesage ou le mesurage, la propriété lui est-elle transférée dès l'instant du contrat? oui.

2° La vente faite entre époux, hors les cas exceptés, est-elle nulle de plein droit ou donne-t-elle lieu seulement à une action en nullité? nulle de plein droit.

3° La vente d'un immeuble déterminé faite avec indication de la contenance, à raison de tant la mesure, est-elle conditionnelle? non.

4° Lorsque la chose vendue et livrée produit des fruits ou autres revenus, les intérêts courent-ils de plein droit, s'il y a terme pour le paiement du prix? oui.

www.ingramcontent.com/pod-product-compliance
Lightning Source LLC
LaVergne TN
LVHW022250030726
842520LV00009B/2158